Buceo con Nitrox

Teoría para buceadores

- Un libro de texto práctico -

Nitrox 1

Buceo con Nitrox

Teoría para buceadores

Autor Karsten Reimer

FSC
www.fsc.org
MIX
Papier aus ver-
antwortungsvollen
Quellen
Paper from
responsible sources
FSC® C105338

Información bibliográfica de la Biblioteca Nacional Alemana:

La Biblioteca Nacional Alemana incluye esta publicación en la Bibliografía Nacional Aleman. Los datos bibliográficos detallados están disponibles en Internet en http://dnb.dnb.de.

1 Edición Marzo2023

Traducción de Hans Georg Wolf, IDA España

Algunas adiciones o cambios fueron añadidos por el propio autor, utilizando Deepl. Por tanto, cualquier error de traducción es culpa del autor, que (por desgracia) no domina el español.

Karsten Reimer

Autor

Producción y publicación:

BoD - Libros a pedido, Norderstedt

ISBN 9783750417137

Prefacio

Este libro es una guía para adquirir los conocimientos teóricos necesarios para aprobar el examen Nitrox 1 Brevet. En este libro se utiliza el masculino para simplificar la escritura. Por supuesto, esto no significa que sólo los hombres puedan o sepan bucear. Incluso hay voces en el "mundillo del buceo" que afirman que las mujeres son mejores buceadoras. En vista de la voluntad a menudo irresponsable de correr riésgos de mis contemporáneos masculinos, esta es una tesis que definitivamente respaldaría.

si bien ☺

Los buzos son hombres que pueden vivir y trabajar bajo el agua o en aire respirable.

Los buzos son hombres de gran fuerza muscular, con órganos sanos. No hay otro trabajo que exija tanto rendimiento físico como el trabajo de un buceador, no solo ocasionalmente. Usar la armadura, que pesa casi 100 kg, fuera del agua, o mover esta masa mientras camina bajo el agua, respirar bajo una presión que cambia rápidamente y, por último, pero no menos importante, un trabajo extenuante con un suministro de aire no siempre perfecto, exigen músculos atléticos, pulmones sanos y un corazón fuerte, además de un buen funcionamiento de todos los órganos.

Los buceadores son hombres de gran fuerza espiritual, razón y moralidad impecable. Tienen tantos peligros que desafiar que las mayores exigencias se imponen a su presencia de ánimo y capacidad de observación. Hacer un trabajo de buceo útil y rápido es al mismo tiempo el arte real del buceador, lo que hace que su actividad sea valiosa.

Un sentido del deber inquebrantable debe impulsarlo a proporcionar la solución más rápida y excelente a la tarea en cuestión, utilizando todo su cuerpo y mente.

Manual para buceadores
Hermann Stelzner
Director e ingeniero jefe de Drägerwerk
Lübeck 1931

Pudo haber sido así en 1931. Hoy en día el buceo es posible para todos. Sin embargo, la salud sigue siendo un requisito importante

Indice

Buceo con Nitrox

Buceo con nitrox

Hay que tener en cuenta que siempre hemos buceado con Nitrox, es decir, con Nitrox 21. Dado que el número después de la palabra Nitrox indica el porcentaje de oxígeno en la mezcla de gases. Nitrox es una palabra artificial que se compone de los dos gases principales que se utilizan. **Nitr**ógeno y **ox**ígeno.

En el extranjero, se utiliza principalmente el término **EAN** o **EAN**x, que significa Aire Enriquecido Nitrox (**E**nriched **A**ir **N**itrox).

¿Por qué deberíamos bucear con nitrox siempre que sea posible?

El buceo con Nitrox ha experimentado una popularidad creciente durante más de 20 años y es uno de los cursos más populares del mundo. Al usar Nitrox como gas respirable, puedes extender tus inmersiones más tiempo o, con el mismo tiempo de inmersión que con aire normal y con respecto a la saturación de nitrógeno, bucear de manera más segura. Incluso con varias inmersiones al día, las llamadas inmersiones repetitivas, existe un efecto positivo en la salud al bucear con Nitrox. Este efecto se debe al hecho de que cuando buceamos con Nitrox inhalamos menos nitrógeno. El aire respirable normal con el que habitualmente buceamos contiene aproximadamente un 78% de nitrógeno y un 21% de oxígeno. Ambos gases se comportan de manera diferente dependiendo de la presión ambiental y, por lo tanto, su efecto en el cuerpo humano cambia dependiendo de qué tan alta sea la presión a la que estemos expuestos. Los gases residuales (1%) (gases nobles, dióxido de carbono, vapor de agua, etc.) son insignificantes.

Cuanto menor sea la presión parcial de nitrógeno, es decir, la proporción de nitrógeno en la mezcla total de gases, menor será el riesgo de enfermedad por descompresión y el riesgo de intoxicación profunda.
Por lo que, según las últimas investigaciones, el riesgo reducido previamente asumido de sufrir una narcosis de profundidad es

aparentemente el mismo que bucear con aire comprimido. Dado que incluso el oxígeno, inhalado a mayor presión, tiene un efecto narcótico y, por lo tanto, difiere poco de la narcosis con nitrógeno (comúnmente conocida como narcosis de la profundidad). Pero este efecto es actualmente solo de carácter teórico, ya que aún no se han realizado estudios prolongados.

Por otro lado, sin embargo, la proporción de oxígeno en nuestra mezcla de gases determina la profundidad máxima a la que se nos permite llegar. Cuanto mayor sea el porcentaje de oxígeno, menor será la profundidad de inmersión con la mezcla correspondiente. Si has hecho esta lección teórica y has completado con éxito el curso Nitrox 1 con tu instructor de buceo, puedes bucear con un contenido máximo de oxígeno del 40% en la mezcla utilizada.

Cuando te aficiones a bucear con diferentes gases, podráss asistir a muchos cursos diferentes que ofrecen nuestros instructores IDA.

IDA Nitrógeno ∗∗

Licuadora de gas (mezcle los gases usted mismo)

SCR (rebreather semicerrado)

Trimix∗ y ∗∗ (Nitrógeno, helio y oxígeno)

Monitor Nitrógeno Basico

Monitor Nitrógeno

Examinador Nitrógeno

Monitor Trimix

Examinador Trimix

Pero comencemos lentamente ahora.

Cuando comenzamos a bucear con un gas diferente al aire respirable normal, surgen nuevos términos que se deben a las diferentes composiciones de Nitrox.

Los hemos resumido y explicado en esta página.

EAN   Enriched Air Nitrox   = Aire enriquecido en oxígeno

EANx   Enriched Air Nitrox   = Aire enriquecido en oxígeno

MOD   Maximum Operating Depth = Profundidad máxima operativa

MOP   Maximum Operating Pressure = Presión máxima operativa

EAD   Equivalent Air Depth = Profundidad de aire equivalente

EAP   Equivalent Air Pressure = Presión equivalente de aire

Best Mix = Mezcla de gases óptima

OTU   Oxygen Tolerance Unit = Unidades de O2 toleradas

CNS   Central Nervous System = Sistema nervioso central

CNS O$_2$% = Toxicidad relativa del O2 para el SNC

NOAA (USA)   **N**ational **O**ceanic and **A**tmospheric **A**dministration

A continuación, se muestran algunos ejemplos de composiciones habituales de nitrox:

Nitrox 32 = 32% O2 + 68% N2 = **EAN 32**

Nitrox 36 = 36% O2 + 64% N2 = **EAN 36**

Nitrox 40 = 40% O2 + 60% N2 = **EAN 40**

IDA recomienda una presión parcial máxima de oxígeno (ppO2) de 1,4 bar (pp significa partial pressure, es decir presión parcial)

Por lo tanto, las profundidades máximas de buceo resultan automáticamente del contenido de oxígeno en la mezcla de gases.

32% equivale a 0,32 bar ppO2 en la superficie del agua.

36% equivale a 0,36 bar ppO2 en la superficie del agua.

40% equivale a 0,40 bar ppO2 en la superficie del agua.

Basándonos en una presión parcial máxima de oxígeno (presión de gas) de 1,4 bar, llegamos a las siguientes profundidades. Dividimos la ppO2 de 1,4 bar por la presión parcial de oxígeno en la superficie del agua y luego obtenemos la presión parcial máxima de oxígeno en la profundidad y podemos derivar la profundidad máxima de buceo a partir de ella.

Nitrox 32 (NOAA Nitrox 1) = 4,38 bar corresponde a 33,8 metros

Nitrox 36 (NOAA Nitrox 2) = 3,9 bar corresponde a 29 metros

Nitrox 40 = 3,5 bar corresponde a 25 metros

Nitrox 50 (aire seguro) = 2,8 bar corresponde a 18 metros

4

 Atención, el contenido de oxígeno de la mezcla de gases no siempre es lo primero. Siempre es necesario analizar la mezcla antes de su uso.

 Además, otras organizaciones de buceo tienen diferentes mezclas de gases estándar.

¡Así que tienes que comprobar el contenido de oxígeno de la mezcla antes de cada inmersión! Asegúrate de que tu equipo de buceo no se mezcle después del análisis de oxígeno.

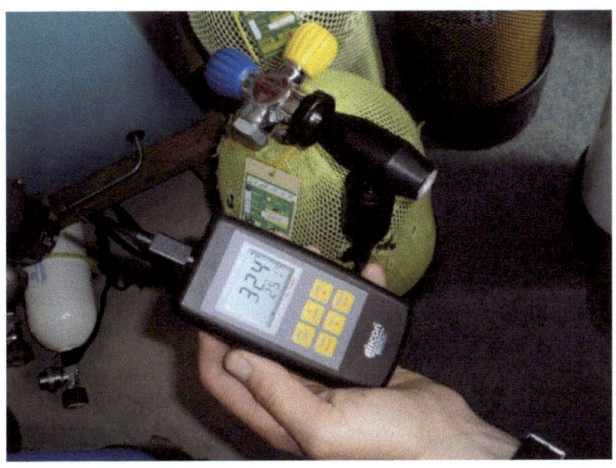

¡El análisis anterior muestra un contenido de oxígeno del 32,4%!

¡Así que Nitrox 32!

La mezcla de gases siempre debe hacerse lo más exacta posible y la diferencia con el gas calculado debe ser siempre lo más pequeña posible, pero siempre por debajo del 1%, diferencias mayores pueden provocar accidentes o incluso la muerte. Obtén información sobre el analizador si no tienes uno con el que hayas adquirido experiencia. ¡Comprueba siempre tú mismo el contenido de oxígeno del aire que respiras!

¿Qué es el oxígeno?

Oxígeno (O_2)

• Es un elemento incoloro e inodoro

• Es una molécula en un doble enlace

• Punto de ebullición: -183 ° C

• Densidad: 1.429 Kg / m3

• No es inflamable en su forma pura

• Es necesario para el proceso de combustión

• Actúa como oxidante

• Actúa como un acelerador de fuego con concentración creciente

¿Qué es el nitrógeno?

Nitrógeno (N_2)

• Es un elemento incoloro e inodoro

• Es una molécula en un doble enlace

• Punto de ebullición: -194,6 ° C

• Densidad: 1,25 kg / m3

• Como "gas inerte", apenas entra en ningún compuesto bioquímico.

¿Qué es el dióxido de carbono?

Dióxido de carbono (CO_2)

• Es una combinación de 1 átomo de C y 2 átomos de O2

• Es incoloro e inodoro

• Es fácilmente soluble en líquidos

• Punto de ebullición: -78,5 ° C

• Densidad: 1.977 kg / m3

¡Gases y sus límites de aplicación!

Oxígeno

PpO2 mínima = 0,16 bar

PpO2 máxima = 1,4 bar

Nitrógeno

A partir de aproximadamente 3,2 bar ppN2, es de esperar un aumento de los síntomas anestésicos (narcosis de la profundidad).

Dióxido de carbono

PpCO2 máximo 0,05 bar en sangre arterial (a partir de 0,06 bar ppCO2 es de esperar hipercapnia y puede producirse narcosis con CO2)

Las presiones de gases en la profundidad del agua se pueden calcular fácilmente multiplicando la presión parcial del gas individual en la superficie del agua por la presión ambiental en la profundidad.

Ejemplo

32% de oxígeno corresponde a una presión parcial de gas (presión parcial, ppO2) de 0,32 bar

A una profundidad de 20 metros hay una presión ambiental de 3,0 bar.

Entonces ahora multiplicamos la presión ambiental por la ppO2 en superficie y así llegamos a la ppO2 que prevalece a esta profundidad específica.
0.32 bar ppO2 x 3.0 bar = 0.96 bar ppO2

Nuestra presión parcial de oxígeno a una profundidad de 20 metros es de 0,96 bar.

Sabemos que podemos tener una presión máxima de gas oxígeno de 1,4 bar. Entonces podemos dividir 1.4 bar por 0.32 bar y luego llegar a la presión ambiental máxima permitida.

1,4 bar dividido por 0,32 bar da como resultado 4,375 bar.

Estos 4,375 bar es la presión ambiental máxima permitida con un contenido de oxígeno del 32%.

Tenemos una presión ambiental de 4,375 bar en una profundidad de 33,75 metros. (Tenemos que restar la presión de aire de 1.0 bar en la superficie, lo que daría una presión de 3.375 bar)

Esto da como resultado una profundidad de buceo máxima permitida de 33,75 metros con un contenido de oxígeno del 32%.

Este cálculo se puede utilizar para cualquier mezcla de gases.

Si lo deseas, también puedes utilizar la siguiente fórmula.

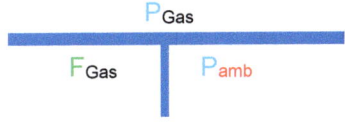

P_{Gas} representa la presión parcial del gas.

F_{Gas} representa el porcentaje de gas.

P_{amb} representa la presión ambiental.

F proviene del inglés y significa fracción.

amb también viene del inglés y significa ambiente.

P generalmente significa pressure, por supuesto también del inglés y significa presión.

Esta fórmula es una ayuda para obtener las presiones individuales. Dice que tienes que multiplicar o dividir los factores individuales para obtener el valor que estás buscando.

Presión parcial: F_{Gas} x P_{amb} da como resultado P_{Gas}

Presión ambiental: P_{Gas} dividido por F_{Gas} da como resultado P_{amb}

Fracción de gas: P_{Gas} dividido por P_{amb} da como resultado F_{Gas}

Si ahora eliminas algún número de la fórmula de la página anterior, el resultado se obtendrá a partir de los números que si están. Por supuesto, solo tienes que utilizar este procedimiento si quieres mezclar tus gases tú mismo e ir a bucear con ellos. Si vas a bucear con Nitrox en cualquier centro de buceo del mundo, todo lo que necesitas hacer es analizar el contenido de tu propio equipo de buceo antes de la inmersión. Y si el porcentaje de oxígeno es incorrecto, pide otra botella de buceo. Y revísala de nuevo, por favor.

Ahora, algunos cálculos de prueba para comprender.

1. La presión parcial máxima de oxígeno debe ser de 1,4 bar. La mezcla debe tener un 28% de oxígeno. ¿Cuál es la presión ambiental máxima permitida?

Entonces estamos buscando a P_{amb}

Presión ambiental: P_{Gas} dividido por F_{Gas} da como resultado P_{amb}

$$\frac{1,4 \text{ bar}}{0,28} = 5 \text{ bar}$$

5 bar se dan a una profundidad de 40 metros.

2. Pero ahora buscamos el porcentaje de oxígeno para los mismos valores.

Fracción de gas: P_{Gas} dividido por P_{amb} da como resultado F_{Gas}

$$\frac{1,4 \text{ bar}}{5 \text{ bar}} = 0,28 \text{ corresponde a un contenido de oxígeno del 28\%.}$$

3. Nuevamente los mismos valores pero ahora queremos calcular la presión parcial.

Presión parcial: F_{Gas} x P_{amb} da como resultado P_{Gas}

0,28 x 5 bar = 1,4 bar

Y así, si lo deseas, puedes calcular todos los valores necesarios.

MOD

Significa Maximum Operating Depth e indica la profundidad máxima de buceo permitida con una mezcla específica. Para calcular la MOD primero tenemos que usar el

MOP

MOP significa Maximum Operating Pressure e indica la presión ambiental máxima permitida.

Calculamos una inmersión de prueba con 36% de oxígeno.

La presión parcial máxima de oxígeno puede ser de 1,4 bar, ahora lo hemos internalizado.

También se especifica un contenido de oxígeno del 36%.

$$\frac{1,4 \text{ bar}}{0,36} = \quad 3,89 \text{ bar}$$

3,89 bar es el **MOP**

Como sabemos que siempre tenemos que restar 1 bar de presión en la superficie para obtener la presión del agua pura, ahora restamos 1 bar de los 3.89 bar y así obtenemos 2.89 bar.

Tenemos una presión de agua de 2,89 bar a una profundidad de 28,9 metros. Entonces 28,9 metros es nuestro MOD. No deberíamos sumergirnos a más profundidad con esa mezcla.

Y ahora solamente debemos cumplir con las especificaciones de profundidad manténte dentro de los tiempos sin paradas, entonces estarás el doble de seguro. E incluso si alguna vez te sientes avergonzado por la descompresión, bucear con Nitrox sigue siendo seguro. Dado que tiene menos nitrógeno en su mezcla de gas respirable, todavía se descomprime de acuerdo con una tabla (por ejemplo Deko 2000) que asume un mayor contenido de nitrógeno.

Beneficios de Nitrox

En teoría, una vez que hayas practicado los cálculos apropiados, podrías extender los límites sin descompresión a una profundidad específica (palabra clave EAD). Sin embargo, esto tiene poco sentido con el buceo normal durante las vacaciones, porque entonces aumenta el riesgo de una enfermedad por descompresión y "pierdes" la ventaja del nitrox. Es mejor ir sobre seguro contra una enfermedad por descompresión.

Lo mismo se aplica a los tiempos de descompresión, que teóricamente podrías acortar si realizas los cálculos adecuados.

Al reducir el contenido de nitrógeno del aire que respiras, reduces el riesgo de formación de microburbujas. Las microburbujas, como su nombre indica, son burbujas de gas microscópicas que en realidad se forman con cada inmersión, pero que no causan ningún daño si nos mantenemos dentro del límite de no descompresión o nos descomprimimos adecuadamente.

Debido al menor contenido de nitrógeno del aire que respiras, tu cuerpo naturalmente también está menos expuesto al nitrógeno.

Así, se reduce el riesgo de narcosis de la profundidad, al menos en teoría, y también el riesgo de sufrir un accidente por enfermedad descompresiva.

Además, hay buceadores que se sienten más frescos y menos agotados después de bucear con Nitrox.

Nitrox es la mezcla elegida por los buceadores frecuentes, es decir, buceadores de vacaciones en un un vije de sinfin de inmersiones o guías de buceo e instructores de buceo.

Desventajas de nitrox

La experiencia ha demostrado que lo que tiene ventajas, lamentablemente, también tiene desventajas. Por supuesto, esto también se aplica al Nitrox.

- Debido al mayor contenido de oxígeno, la carga sobre el sistema nervioso central de los humanos también es mayor. Sin embargo, si te adhieres estrictamente a las pautas de profundidad y no las excedes, no te puede pasar nada. Sin embargo hay personas que todavía tienen problemas con el aumento del contenido de oxígeno. Esto ocurre muy raramente y también se puede acostumbrar al mayor contenido de oxígeno. Al igual que Reinhold Messmer se acostumbró a escalar el Everest sin oxígeno. Sin embargo, si te sientes incómodo buceando con nitrox, sal del agua e intenta bucear nuevamente con aire normal. Si no te sientes bien, puedes acudir a un especialista y someterte a una prueba de compatibilidad de oxígeno. Desafortunadamente, el seguro médico no paga esta prueba. Pero como dije, algo como esto rara vez sucede.

- No debes bucear a tanta profundidad con Nitrox como con aire comprimido.

- Tu equipo, en particular las válvulas y los reguladores, debe estar "apto para oxígeno", lo que significa que se deben usar sellos especiales y no se puede usar grasa. El oxígeno y la grasa (grasa de silicona, etc.) son enemigos naturales y cuando se juntan pueden volverse bastante ruidosos.

- El oxígeno favorece la combustión (oxidación).

- La estación de carga debe estar especialmente diseñada.

- La carga de las botellas suele ser más cara, por la estación de carga.

- La inmersión debe planificarse y calcularse con mucho cuidado. Siempre hay que respetar el MOD. Incluso si mi tesoro de oro, que a menudo se cita, está debajo de ti, no puedes sumergirte más profundo de lo que permite el MOD.

- Las botellas que se cargan con aire nunca se pueden utilizar para llenar con oxígeno puro, ya que no están libres de grasa o aceite. Tampoco se puede utilizar el mismo espacio. Incluso si hay proporciones extremadamente bajas de aceite en la mezcla de aire, puede suceder que estas pequeñas proporciones se acumulen con el tiempo y luego exploten cuando se llenan de oxígeno puro.

- Debes bucear siempre con un ordenador de buceo compatible con Nitrox, la presión parcial máxima de oxígeno (1,4 bar) y la mezcla utilizada (EAN 32 o EAN 36) siempre se debe introducir o comprobar antes de la inmersión.

- En algunos países de la UE, se requiere una rosca de conexión de regulador especial (M26 x 2).

- Los utensilios utilizados (regulador, botellas, infladores) deben revisarse y limpiarse una vez al año para detectar y eliminar cualquier acumulación de grasa o aceite.

- Por lo general, también puedes bucear con tu mezcla de nitrox en un lago de montaña (buceo en altitud), es decir, a alturas ≥ 300 metros. Sin embargo, dado que aún no hay datos validados al respecto, debes bucear como si fueras con aire comprimido.

La NOAA de EE.UU. (Administración Nacional Oceánica y Atmosférica) dice que podemos usar nuestro equipo normal, sin ninguna modificación, hasta un contenido de oxígeno del 40% en la mezcla de gases respirables. Esta política se ha utilizado y probado en los Estados Unidos durante muchos años. En Europa, sin embargo, también hay otras opiniones. En Alemania, por ejemplo, toda mezcla de gases que tenga un contenido de oxígeno superior al 21% debe tratarse como oxígeno puro. Sin embargo, no debe pasarse por alto que durante el proceso de llenado y mezclado, si se utiliza el método de presión parcial, es posible que se produzcan explosiones si hay aceites y / o grasas que no son compatibles con el oxígeno sobre o en la botella de buceo. El método de llenado a presión parcial funciona con oxígeno puro (100%). Por lo tanto, solo se puede llenar con este método el equipo de buceo sin oxígeno.

Aspectos médicos del buceo con nitrox

¿Qué sucede ahora si superamos el **MOD** (Maximum Operating Depth - profundidad máxima de funcionamiento, profundidad máxima de inmersión cuando se utiliza la mezcla de gas específica)?

Si superamos este límite de profundidad, se produce **hiperoxia**. Hyper significa demasiado y Oxi significa oxígeno. Lo que se quiere decir con esto es simplemente demasiado oxígeno. En este caso, demasiada presión de oxígeno. Como ya se ha mencionado, debemos evitar una presión parcial de oxígeno superior a 1,4 bar. Pero, como ocurre a veces, nos atrae el riesgo y queremos experimentar dónde están nuestros límites. Esto es completamente humano y, por lo tanto, a menudo estúpido.

Paul Bert descubrió ya en 1878 que el oxígeno, si se respira bajo mayor presión, tiene un efecto tóxico en el cuerpo. Este aumento de la presión parcial de oxígeno tiene un efecto narcótico sobre el sistema nervioso central (SNC o en inglés CNS). Este efecto también se denomina efecto Paul Bert en honor al Sr. Bert.

¿Qué nos pasa exactamente cuando inhalamos el oxígeno con una presión parcial de más de 1,4 bar?

Dos cosas suceden a nuestro cuerpo al mismo tiempo.

Síntoma # 1

Trastornos del sistema nervioso central (SNC) Efecto Paul Bert

Efectos neurotóxicos de la hiperoxia

- Temblores musculares, espasmos y convulsiones

- Trastornos oculares, trastornos visuales

- Malestar, náuseas

- Alucinaciones, confusión, sabor metálico

-Trastornos del oído interno, zumbido en los oídos

Si lo notamos nosotros mismos, es necesario subir varios metros de inmediato. Es mejor salir del agua después de que hayas realizado la parada de seguridad.

Conclusión: asegúrate de no superar nunca la presión parcial de oxígeno de 1,4 bar, especialmente utilizando Nitrox.

El límite general de tolerancia al oxígeno en humanos es una presión parcial de oxígeno de 1,82 bar y un tiempo de exposición de un minuto. Para nosotros, los buceadores, esto es menos importante, pero la persona que opera la cámara hiperbárica debe saberlo si hemos calculado mal. (Los tratamientos con cámara hiperbárica generalmente comienzan con oxígeno al 100% a una profundidad de agua simulada de 18 metros.

El paciente se acuesta y recibe oxígeno puro durante 20 minutos, seguido de una pausa de oxígeno de 5 minutos. Se acepta el problema de la convulsión porque el paciente suele tener problemas mayores que una convulsión en un entorno controlado. (según el controlador de la cámara hiperbárica).

Síntoma # 2

El efecto pulmonar, también conocido como efecto Lorraine-Smith.

El oxígeno es un gas muy reactivo y tiene la propiedad de dañar las bolsas pulmonares (alvéolos) bajo mayor presión y durante mucho tiempo. Los síntomas de esta exposición al exceso de oxígeno son:

- Daño al tejido pulmonar (alvéolos)

- Irritación de la membrana mucosa de la garganta

- Ardor y escozor en los ojos.

- Tos insaciable

- Posiblemente inconsciencia

- Hipoxia (falta de oxígeno) debido al daño de los alvéolos

En el peor de los casos, el aumento de la presión parcial de oxígeno puede provocar la explosión de los alvéolos. Como resultado, se reduce el área de la superficie del pulmón, que es esencial para el intercambio de gases, lo que da como resultado una menor aceptación de oxígeno y una menor emisión de dióxido de carbono. No observar esta "capacidad" del oxígeno puede llegar tan lejos que la superficie pulmonar efectiva se reduce tanto que la persona afectada se asfixia.

Y si ahora crees que puedes bucear indefinidamente siempre que no superes los 1,4 bar de presión parcial de oxígeno, estás equivocado. Al menos desde el punto de vista médico. Pero el tiempo que puedes permanecer bajo esta presión sin sufrir daños es de 153 minutos y antes de eso es casi seguro que tendrás frío o sed. Palabra clave OTU.

¿Qué significa OTU? (Oxygen Tolerance Unit?)

La Unidad de tolerancia al oxígeno (antes Unidad de toxicidad del oxígeno), abreviada como OTU, es un valor que indica las unidades de oxígeno permitidas. Una unidad está formada por la cantidad (presión parcial) de oxígeno en la mezcla de gas respirable y la presión (presión ambiental) bajo la cual inhalamos esta mezcla. Ambos valores se suman al OTU y nos muestran, según la tabla, cuántas unidades podemos consumir con seguridad.

Por ejemplo, puedes inhalar una mezcla de gas respirable con un bajo porcentaje de oxígeno y a baja presión ambiental durante un largo período de tiempo sin sufrir ningún daño. Esto se puede ver en el hecho de que podemos respirar el 21% de oxígeno que está en el aire normal que respiramos durante mucho tiempo, es decir, toda nuestra vida, sin sufrir un daño excesivo.

Sin embargo, si ahora aumentamos la proporción de oxígeno en el aire que respiramos, digamos un 50%, entonces el tiempo que podemos inhalar esta mezcla sin sufrir daños es considerablemente más corto. Si ahora aumentamos la proporción de oxígeno al 100% e inhalamos este gas, sucede que el cuerpo se dañará despues de varios días y los médicos no parecen estar realmente de acuerdo en el por qué.

Pero si ahora aumentamos la presión, es decir, multiplicamos el potencial dañino del oxígeno comprimiéndolo, por ejemplo buceando, el tiempo que podemos inhalar con seguridad este gas respirable se reduce a unas pocas horas o incluso minutos.

Nota: Cuanto mayor sea la proporción de oxígeno en la mezcla de gases respirables y cuanto mayor sea la presión a la que inhalamos esta mezcla, más dañino es este gas para nuestro cuerpo.

En la siguiente tabla puedes ver qué presión parcial de oxígeno (PO2 o ppO2) puedes respirar de forma segura y durante cuánto

19

tiempo. IDA recomienda permanecer siempre por debajo de 700 unidades (OTU) por día. Llegaremos al SNC más adelante, pero aquí también, solo se debe usar el 80% de la absorción de oxígeno permitida para evitar daños. Si te vas de vacaciones de buceo, con muchas inmersiones y buceas con Nitrox todos los días durante este período, debes tener en cuenta que los efectos nocivos del oxígeno que respiras bajo una mayor presión se suman. Por esta razón, el valor de OTU tolerable diario disminuye con cada día. A partir del séptimo día, definitivamente deberías tomarte un día libre del buceo. Además, debes tener al menos un intervalo de superficie de una hora entre inmersiones por día. Si todavía se te permite consumir 700 OTU el primer día, el valor máximo tolerable de OTU para los días siguientes se reduce de la siguiente manera:

Dia 2:   620 OTU

Dia 3:   525 OTU

Dia 4:   460 OTU

Dia 5:   420 OTU

Dia 6:   380 OTU

Dia 7:   300 OTU

Descanso de buceo

(haz algo con la familia)

PO$_2$ (bar)	OTU (1/min.)	CNS (%/min.)	Dive Time max. (min.)
0,50	0,00	0,00	>
0,60	0,26	0,14	714
0,64	0,35	0,15	666
0,66	0,39	0,16	625
0,68	0,43	0,17	588
0,70	0,47	0,18	555
0,74	0,54	0,19	526
0,76	0,58	0,20	500
0,78	0,62	0,21	476
0,80	0,65	0,22	454
0,82	0,69	0,23	434
0,84	0,73	0,24	416
0,86	0,76	0,25	400
0,88	0,80	0,26	384
0,90	0,83	0,28	357
0,92	0,87	0,29	344
0,94	0,90	0,30	333
0,96	0,93	0,31	322
0,98	0,97	0,32	312
1,00	1,00	0,33	303
1,02	1,03	0,35	285
1,04	1,07	0.36	277
1,06	1,10	0,38	263
1,08	1,13	0,40	250
1,10	1,16	0,42	238
1,12	1,20	0,43	232
1,14	1,23	0,43	232
1,16	1,26	0,44	227
1,18	1,29	0,46	217
1,20	1,32	0,47	212
1,22	1,35	0,48	208
1,24	1,38	0,51	196
1,26	1,42	0,52	192
1,28	1,45	0,54	185
1,30	1,48	0,56	178
1,32	1,51	0,57	175
1,34	1,54	0,60	166
1,36	1,57	0,62	161
1,38	1,60	0,63	158
1,40	1,63	0,65	153
1,42	1,66	0,68	147
1,44	1,69	0,71	140
1,46	1,72	0,74	135
1,48	1,75	0,78	128
1,50	1,78	0,83	120
1,52	1,81	0,93	107
1,54	1,84	1,04	96
1,56	1,87	1,19	84
1,58	1,89	1,47	68
1,60	1,92	2,22	45
1,62	1,95	5,00	20
1,65	2,00	6,25	16
1,67	2,03	7,69	13
1,70	2,07	10,00	10
1,72	2,10	12,50	8
1,74	2,13	20,00	5
1,76	2,15	25,00	4
1,78	2,18	33,33	3
1,80	2,21	50,00	2
1,82	2,24	100,00	1
IDA CNS / OTU chart based on NOAA			

Ejemplo

Presión parcial de oxígeno de 1,4 bar.

Ahora mira en la tabla de la columna de la izquierda y busca la PO2 de 1,4 bar. Lo encontrarás en el bloque de la derecha de la tabla en la undécima fila. A la derecha encontrarás el 1,63, que indica el valor de OTU por minuto a esta presión parcial. En el extremo derecho de esta línea, encontrarás el tiempo máximo en minutos que se te permite bucear con esta presión parcial de oxígeno, es decir, 153 minutos.

Estos 153 minutos indican el tiempo máximo que puedes bucear a esta presión parcial de oxígeno durante una inmersión.

Si permaneces bajo el agua durante solo 60 minutos a esta presión parcial de oxígeno (1,4 bar), multiplica 1,63 por el tiempo de inmersión en minutos.

60 x 1,63, entonces obtienes un valor OTU de 97,8

Esto significa que estás muy por debajo del máximo permitido de 700 OTU por día que recomienda la IDA.

Por tanto, puedes hacer otra inmersión con esta presión parcial el mismo día sin ningún problema. Sobre todo porque el intervalo de superficie tiene un efecto positivo adicional sobre la recuperación del cuerpo.

Si ahora reduces la presión parcial de oxígeno, también recibirás significativamente menos OTU por minuto.

Ejemplo:

Gas de respiración Nitrox 34

La presión parcial de oxígeno en la superficie es de 0,34 bar.

La profundidad de buceo máxima de 20 metros equivale a 3 bar de presión ambiental.

El tiempo de inmersión debe ser de 60 minutos.

0,34 bar PO2 x 3 bar corresponde a una presión parcial de oxígeno de

1,02 bar. Una mirada a la tabla muestra una OTU de 1.03. En la columna de la derecha podemos leer ahora el tiempo máximo de inmersión posible de 285 minutos.

Para esta inmersión, ahora tenemos que sumar 1,03 veces el tiempo de inmersión en minutos, es decir, 60 minutos.

1.03 x 60 es igual a 61.8 OTU

Así que aquí también, solo se deben tener en cuenta 61,8 OTU.

Con base en estos cálculos, puedes ver que puedes permanecer bajo el agua durante horas sin tener que hacer ningún cálculo, con una mezcla de nitrox 32 o 36% de contenido de oxígeno, sin dañar tu cuerpo. Pero incluso si el valor máximo de ≤ 700 OTU por día apenas se alcanza en la práctica, nunca debes perder de vista este valor, por el bien de tu salud.

Maximum Limit O$_2$-Exposition											
O$_2$ – Partial Pressure (bar)	1,6	1,5	1,4	1,3	1,2	1,1	1,0	0,9	0,8	0,7	0,6
Single Exposition (min)	45	120	150	170	210	230	300	350	450	550	710
24 h – Exposition (min)	150	180	180	210	240	270	300	350	450	550	710

La tabla anterior muestra a qué presión parcial de oxígeno puedes permanecer durante cuánto tiempo sin causar daño a tu cuerpo.

Ejemplo: presión parcial de oxígeno 1,4 bar.

Una inmersión puede durar un máximo de 150 minutos. Puedes respirar una presión parcial de oxígeno de 1,4 bar durante un máximo de 180 minutos en 24 horas. Por ejemplo, 3 inmersiones de 60 minutos cada una.

Ahora bien, el oxígeno, que se respira bajo mayor presión, también tiene un efecto negativo en nuestro sistema nervioso central (SNC), del cual también debemos ser conscientes. También encontrarás un valor para esto en la tabla, más precisamente en la tercera columna. Este valor indica cuánto% de la dosis saludable de oxígeno hiperbárico, es decir, oxígeno con una presión parcial aumentada (presión de gas), puedes inhalar por minuto sin dañar tu sistema nervioso central.

Ejemplo

Presión parcial de oxígeno 1,4 bar

Vuelve a mirar en la columna de la izquierda y busca la presión parcial de oxígeno de 1,4 bar. Luego vete hacia la derecha en la misma fila hasta que veas la tercera columna con el CNS% / minuto.

Allí encontrarás el número 0,65. Atención - Recuera.

Ahora sumérgete y haz tu inmersión a una presión parcial de oxígeno de 1,4 bar y permanece bajo el agua durante 60 minutos. Sabes que según la tabla, por cada minuto que bucees bajo esta presión, tienes que multiplicar cada minuto por 0,65. Y sabes que no puedes superar el 80% por día de buceo.

Cálculo 60 minutos x 0,65 = 39%

Ejemplo

Nitrox 32

Ahora no buceas con una presión parcial de oxígeno de 1,4 bar, vas con Nitrox 32 con un contenido de oxígeno del 32% y no vas tan profundo como para alcanzar la presión parcial de oxígeno de 1,4 bar.

Supongamos que vas a una profundidad máxima de 20 metros y permaneces allí durante 60 minutos.

Con Nitrox 32 tienes una presión parcial de oxígeno de 3 bar x 0,32 bar = 0,96 bar a una profundidad de agua de 20 metros

Así que miramos en la tabla a 0,96 bar y encontramos 0,32 por debajo del CNS% / minuto.

Entonces ahora multiplicamos los 60 minutos por el valor 0.32 y luego obtenemos el resultado 19.2.

Con esta inmersión hemos alcanzado el 19,2% del consumo máximo de oxígeno para este día de buceo.

En teoría, podríamos hacer 4 inmersiones de esta calidad en un día sin miedo a dañar el sistema nervioso central.

Al observar pausas superficiales más largas (OFP), también puedes reducir el estrés en tu SNC.

Reduction factor for surface breaks										
Surface break (min)	0	30	60	90	120	150	180	240	300	360	540
CNS-Faktor	1	0,8	0,63	0,5	0,4	0,31	0,25	0,16	0,1	0,06	0

Para hacer esto, toma el tiempo para tu intervalo de superficie, digamos 2 horas (120 minutos), y luego observa el factor que está por debajo de eso. Entonces 0.4. Según la inmersión anterior, tuviste una exposición del SNC del 19,2% de la inmersión anterior. Ahora multiplica este 19,2% por 0,4 y el

25

resultado es 7,68%. Por lo tanto, has reducido el estrés en tu SNC del 19,2% al 7,68% porque tomó un intervalo de superficie de 2 horas. Esto ahora afecta a la próxima inmersión, ya que se permite hasta el 80% del consumo total de oxígeno por día. Pero solo puedes decidir por ti mismo si deseas moverte hasta el límite de posibles daños.

Aquí hay un consejo para cualquiera que no tenga ganas de mirar tablas todo el tiempo y hacer los cálculos por sí mismos. O te quedas con tu instructor de buceo en todo momento, porque estos expertos saben exactamente cuánto tiempo y qué tan profundo puedes bucear sin temor a sufrir daños. O inviertes en un buen ordenador de buceo. Allí solo ingresas el límite de presión parcial de oxígeno de 1.4 bar, si esto aún no se ha hecho en la fábrica, y también ingresas el contenido de oxígeno de tu mezcla de gases.
El resto del trabajo lo realiza el ordenador de buceo, para que no te suceda nada. Siempre hay que estar atento a los indicadores y advertencias del ordenador. Si tu ordenador falla durante la inmersión, debes ir inmediatamente a una profundidad de 5 metros y permanecer allí durante al menos 5 minutos antes de salir del agua. Un segundo ordenador de buceo (redundancia) también sería una solución si quieres estar completamente seguro.

Ahora llegamos a otra ventaja del Nitrox, que es particularmente apreciado por quienes bucean mucho y / o con frecuencia durante el día. Entre estas personas se encuentran los buceadores muy ambiciosos, así como los instructores de buceo, los buceadores de investigación y los buceadores profesionales.

La palabra clave es EAD. EAD significa **Equivalent Air Depth** o mejor en español, Profundiad equivalente de aire. Si calculamos la EAD antes de cada inmersión, podemos, si es necesario, descomprimir según la tabla de descompresión para aire (Deco 2000). Entonces, sin embargo, se pierde el efecto positivo de reducir el riesgo de enfermedad por descompresión.

Lo bueno del Nitrox es que el contenido de nitrógeno de nuestra mezcla de gases es menor que en el aire normal que respiramos. Esto significa que también tomamos menos nitrógeno y tenemos una ventaja en términos de tiempo sin paradas y cualquier parada de descompresión que pueda ser necesaria.

Si tenemos menos nitrógeno en nuestra mezcla de gas respirable, alcanzamos la presión parcial de nitrógeno "crítica" más tarde que un buceador con aire normal.

Al bucear con Nitrox, la EAD es **siempre** menor que la profundidad real. Así que **siempre** tenemos un tiempo sin parar.

Ejemplo

Nitrox 32

32 por ciento de oxígeno y 68% de nitrógeno.

Profundidad real de inmersión 20 metros, es decir, 3 bar.

Ahora tenemos que determinar la relación de los componentes del nitrógeno entre sí, ya que estos tienen una influencia decisiva en la descompresión.

A esta relación la llamamos Factor Equivalente EF.

$$EF = \frac{\text{Presión parcial de Nitrox}}{\text{resión parcial de nitrógeno}} = \frac{0,68}{0,79} = 0,86$$

Entonces EF es 0.86

Luego multiplicamos este valor por la presión a la profundidad real de inmersión y obtenemos la presión equivalente (EAP).

0,86 x 3 bares = 2,58 bares (EAP)

La presión ambiental de 2,58 bar da como resultado una profundidad de agua de 15,8 metros (EAD).

Ahora echamos un vistazo al Deko 2000 y vemos allí, en la columna de 18 metros, un tiempo sin paradas de 45 minutos. Si hubiéramos realizado esta inmersión con aire comprimido, tendríamos que leer la columna hasta 21 metros y tendríamos un tiempo sin paradas de tan solo 31 minutos.

Entonces, al usar Nitrox 32, tenemos 14 minutos más de tiempo sin paradas.

Ahora tomamos una mezcla de Nitrox 40 para la misma inmersión. Cálculo de EF como antes.

EF = 0,76

0,76 x 3 bares = 2,28 bares (EAP)

Entonces EAD es 12,8 metros

Así que miramos en la tabla de la columna hasta 15 metros y obtenemos un tiempo sin paradas de 72 minutos.

En comparación con el aire respirable puro, tenemos una ventaja de tiempo de 41 minutos.

Tienes que decidir por ti mismo si esta es una opción para ti o no. Sin embargo, para evitar accidentes en primer lugar, siempre debes tener un ordenador compatible con Nitrox. Nadie te impide calcular tus inmersiones de todos modos y tomar notas en tu pizarra de escritura. Los ordenadores de buceo de hoy en día ya no fallan en general, pero si sucede, estás preparado si lo has pensado de antemano.

Tecnología y equipamiento

En la mezcla de nitrox, la proporción de oxígeno es, por regla general, significativamente más alta que en el aire respirable normal.

El oxígeno es un gas oxidante y promueve la combustión, por lo que lo mismo se aplica al Nitrox.

Las mezclas de Nitrox solo pueden ser producidas por personas calificadas y con el uso de equipos especiales (compresores y botellas de rebose o sistemas de membranas). **Nunca** hagas tus propias mezclas de gases a menos que estés capacitado para hacerlo. IDA te ofrece el curso de licuadora de gas para este propósito.

Cuanto mayor sea la presión parcial de oxígeno en la mezcla, más violenta será la reacción en caso de quemaduras o explosiones, ya que el oxígeno es un gas fuertemente oxidante.

En Alemania está regulado por ley que una mezcla de gases que contenga más del 21% de oxígeno debe tratarse como oxígeno puro. En otros países esta regla no es tan estricta.

Como resultado de estas especificaciones, nuestro equipo de buceo

debe ser compatible con oxígeno.

Las piezas del equipo son compatibles si tienen compatibilidad general con el oxígeno.

El equipo de buceo normal debe limpiarse especialmente con Nitrox antes de su uso. **Esta limpieza solo puede ser realizada por personal especialmente capacitado**, ya que todas las partes del equipo que entran en contacto con el contenido aumentado de oxígeno o el oxígeno puro deben estar absolutamente limpias. Después de la limpieza, el especialista coloca una etiqueta en la botella (Nitrox Clean o Oxygen Clean), que confirma la idoneidad de nitrox de la botella de buceo. Lo mismo se aplica al regulador y (más precisamente) al chaleco y traje seco. En otras palabras, todas las partes que entren en contacto directo con el gas y posiblemente puedan tener residuos de aceite o grasa. Antes de "limpiar" tu equipo, asegúrate de que el fabricante lo haya aprobado para su uso con Nitrox. No siempre es así. Algunos fabricantes de reguladores ya ofrecen los correspondientes reguladores de Nitrox de fábrica y las botellas de buceo correspondientes también se pueden comprar de fábrica. Entonces se omite el primer tratamiento de "limpieza".

Los siguientes no son compatibles con oxígeno: Aleaciones de titanio o titanio, zinc, neopreno, lubricantes (aceite, grasa, silicona)

Los compatibles con oxígeno son:

Cobre, teflón, juntas tóricas de vitón, lubricantes especiales (Voltalef, Krytox, Fonblin, Tribolub)

Nuestro material es apto para oxígeno si está absolutamente limpio y libre de impurezas, especialmente en la zona de alta presión (DTG, válvula, regulador). Los aceites y grasas (excepto lubricantes, ver arriba), partículas de óxido, jabón y agentes de limpieza de todo tipo se consideran contaminantes.

Botellas, reguladores y válvulas deben ser revisados una vez al año por un distribuidor especializado. Esta revisión debe ser confirmada por el distribuidor especializado con una pegatina (Nitrox Clean o Oxygen Clean). Generalmente, la botella debe marcarse con una pegatina especial o una pintura especial como botella para Nitrox para que no se llene accidentalmente en una estación de llenado de aire comprimido normal. La pintura o la pegatina deben ser grandes, idealmente alrededor, y no deben pasarse por alto.

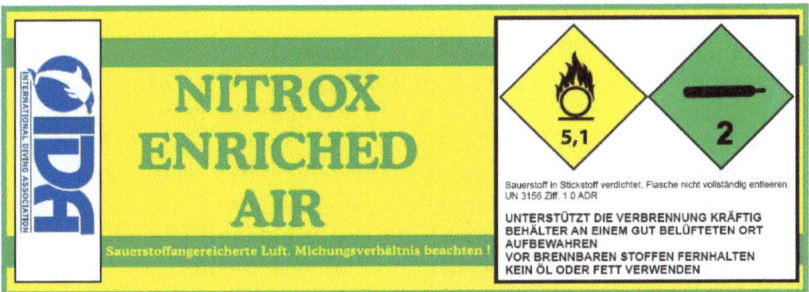

La conexión del regulador (rosca), que es de 5/8" cuando se usa aire respirable normal, debe ser M26x2 cuando se usa Nitrox para que se puedan descartar confusiones. Por lo tanto, es necesaria una grifería especial y el regulador, después de la limpieza, también debe tener otro volante para la conexión del cilindro. Sin embargo, es mejor si simplemente compra un equipo compatible con Nitrox completamente nuevo. Además es mas seguro.

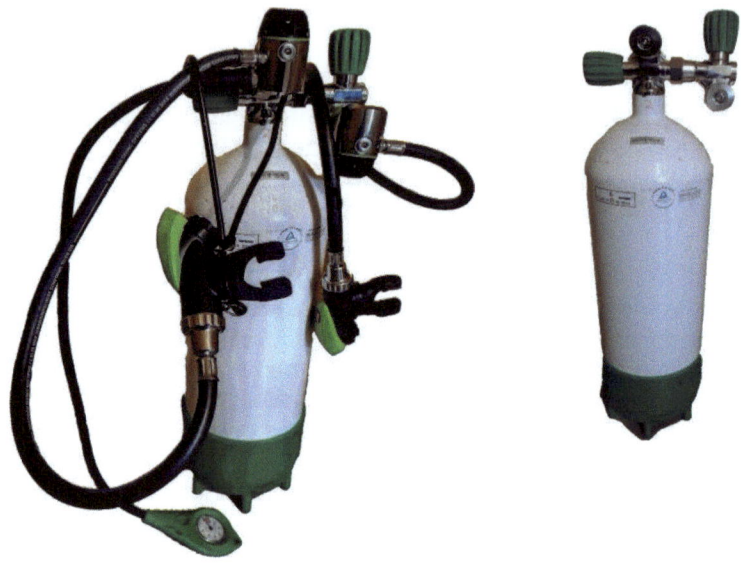

Nota: Una estación de llenado de Nitrox ofrece un llenado sin aceite, de lo contrario pueden ocurrir explosiones. Esto significa que todas las "botellas de buceo no compatibles con Nitrox" pueden llenarse allí con aire comprimido normal. A cambio, una botella de buceo nitrox, que se utiliza exclusivamente para el uso de gases enriquecidos, nunca debe llenarse en una estación de llenado de aire comprimido normal, ya que allí no se puede garantizar un llenado absolutamente libre de aceite.

Si sucediera de todos modos, la botella de buceo debe ser limpiado nuevamente por un especialista antes de que pueda llenarse con Nitrox.

Hay dos métodos para agregar nitrox a una botella de buceo. Con el llamado **método de presión parcial**, primero se introduce oxígeno puro en la botella y luego se llena con aire normal.

Luego, la mezcla debe reposar durante al menos 12 horas para garantizar una mezcla óptima. Trabajar con oxígeno puro es muy peligroso porque el oxígeno es un gas muy reactivo y muchos cuartos de compresores han perdido sus techos debido al manejo inadecuado del oxígeno puro. Si no ha ocurrido algo peor.

El uso de sistemas de membranas especiales que pueden filtrar el nitrógeno del aire que respiramos es menos peligroso y, por lo tanto, ahora es "de vanguardia". Con estos sistemas de membranas, todas las mezclas comunes de Nitrox hasta un contenido de oxígeno del 40% se pueden producir hoy sin el riesgo de tratar con oxígeno puro. La mezcla se puede usar inmediatamente y no tiene que descansar.

.

Sistema de membrana

El nitrox se fabrica filtrando el nitrógeno.

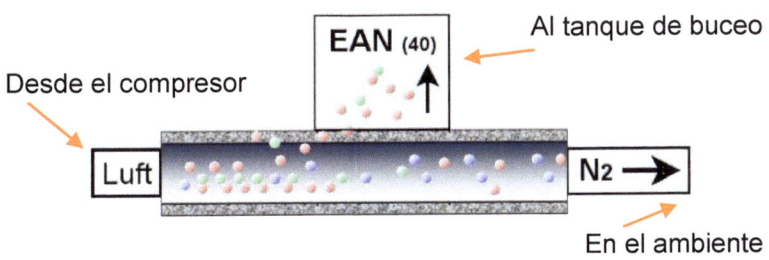

Foto de ejemplo Sistema de llenado de Nitrox

Práctica

Antes de bucear, ten en cuenta lo siguiente:

- ¿Mi pareja bucea con nitrox? ¿Qué mezcla utiliza y qué profundidad (MOD) podemos alcanzar como máximo?

- Si mi compañero está buceando con aire, tengo que señalarle que estoy buceando con Nitrox y contarle las consecuencias de esto. (Profundidad máxima, ventajas en caso de parada de descompresión (EAD), tiempos de fondo más largos, posibles ventajas en narcosis de la profundidad. Realiza el briefing en consecuencia.

- La mezcla de gases debe analizarse inmediatamente antes de la inmersión y el contenido de oxígeno debe anotarse en la etiqueta de la botella. Una tira de cinta adhesiva se usa generalmente como una etiqueta adhesiva individual y económica para la botella (aunque existen pegatinas específicas para esto), sin hacer referencia a la etiqueta adhesiva de Nitrox de una de las páginas anteriores. En esta etiqueta se debe anotar lo siguiente: porcentaje de oxígeno, profundidad máxima permitida de buceo con esta mezcla, nombre del examinador y fecha de la prueba. Por razones legales, estos datos también deben registrarse en un registro de llenado especial.

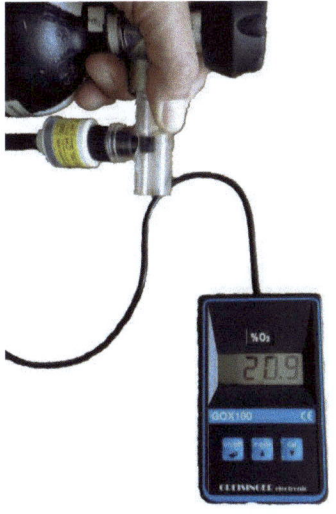

Calibre el analizador

con aire comprimido.

(aquí 20,9 % O2)

35

Nitrox 32, perfectamente mezclado

A continuación, etiquetar la botella de aire comprimido

Algo como esto!

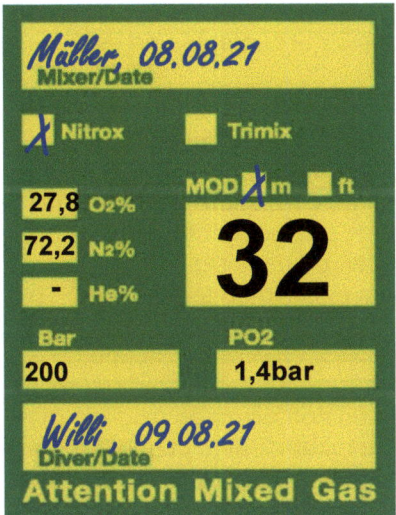

¡Esto es mejor!

- El ordenador de buceo debe estar configurado con la mezcla correcta.

- El ordenador de buceo debe ajustarse a la presión parcial máxima de 1,4 bar. A menudo, esta configuración ya está disponible de fábrica.

Ten en cuenta lo siguiente durante la inmersión:

- No se debe superar la MOD (profundidad máxima de inmersión).

- Consultar al compañero por posible intolerancia al oxígeno al bucear con Nitrox.

- Autocomprobación por posible intolerancia al oxígeno.

- Si tu instructor ha depositado una botella de descompresión de seguridad a una profundidad de 5 metros para permitir a los

37

buceadores que se están quedando sin aire hacer una parada de descompresión segura, presta atención al contenido de esta botella.

- El gas respirable de esta botella siempre debe tener la misma composición que el gas respirable que estás utilizando. Si esta botella de buceo de seguridad tiene un contenido que tiene más oxígeno que tu propia botella, esto es relativamente poco peligroso, ya que no tiene ningún efecto en las siguientes inmersiones y, en todo caso, solo es positivo en términos de descompresión. La exposición adicional al oxígeno (OTU / CNS) es insignificante con una parada de descompresión de unos minutos. Sin embargo, si hay una mezcla de gas respirable en esta botella de seguridad que tiene un contenido de oxígeno más bajo que su propia mezcla de gas respirable, esto puede ser mas peligroso. Debido a que tu ordenador de buceo calcula para esta inmersión y también para inmersiones repetitivas con los valores ingresados previamente, por ejemplo con Nitrox 36. En la botella de descompresión de seguridad quizás haya Nitrox 21, es decir, aire normal, entonces esto puede afectar negativamente tu saturación residual en el cuerpo porque estás respirando 79% de nitrógeno (aire normal) en lugar de 64% de nitrógeno (Nitrox 36). Muchos ordenadores de buceo tienen la opción de configurar un segundo gas de respiración y luego tenerlo en cuenta para la descompresión y las inmersiones posteriores. Si a menudo realizas estas inmersiones con botellas de descompresión de seguridad a 5 metros, compra un ordenador de buceo de este tipo y aprende a utilizarlo correctamente y realizar los ajustes correctos.

Ten en cuenta lo siguiente después de la inmersión:

- Registrar la inmersión con toda la información en el diario de inmersiones.

- Introduce la presión residual de la botella en la hoja de control y la etiqueta (p. Ej., Cinta).

- La persona que rellene la botella de buceo debe colocar una nueva pegatina con los datos relevantes.

- Porcentaje de oxígeno en la mezcla, profundidad máxima de buceo permitida con esta mezcla, nombre del examinador y fecha de la prueba

Sigue siempre las pautas y leyes del país donde bucees. Hay, por ejemplo, países en los que se puede utilizar una mezcla de nitrox recién hecha durante un máximo de 30 días o países en los que el código de colores del equipo de buceo es diferente. Si no estás seguro, consulta con el director o instructor de tu centro de buceo.

Si buceas con frecuencia con nitrox, incluso en casa, debes comprar tu propio analizador. De esta manera, puedes asegurarte de tener siempre exactamente la mezcla correcta en tu botella de buceo. Al hacerlo, observa las especificaciones del fabricante y ten en cuenta que el sensor de oxígeno también debe reemplazarse de vez en cuando (con los dispositivos modernos, el sensor dura aproximadamente de 2 a 3 años). Recuerda siempre que el porcentaje correcto de oxígeno en la mezcla de gases respirables es muy importante ya que tu vida depende de ello. Es mejor comprobar la mezcla de gases una vez más que dejarlo así y, si es posible, no pierdas de vista tu equipo después de la comprobación.

Manten un registro de tus inmersiones con nitrox para que, en caso de accidente, pueda entenderse con qué buceó y por qué pudo haber ocurrido el accidente.

IDA Nitroxplaner

Name, first name:		
Date, time:		
Place		
Diving site:		
Name, first name of the partner		
Name, first name of the partner		
Planning data		
CNS O_2 % before the dive	CNS O_2 %	
Repetitive group and surface break	RG:	SB
Gas mixture (EAN % O_2)	fO_2 :	fN_2 :
O_2 – Proportion measured	O_2 % :	Date
Gas in stock barL = P x V (Note the reserve)		
O_2- partial pressure (max. 1,4 bar) pPO_2 = fO_2 x P		
Max. depth (MOD in m) MOP = pPO_2 / fO_2		

Dive planning		**Analysis**
	Planned	**Carried out**
Depth and ambient pressure		
Equivalent depht (EAD) EAP = PpN_2 / 0,79 bar		
Bottom time		
Dekoplan (Deko 2000 _____ over sea level		
Safety stop 3 min. / 5 meter		
Total diving time		
Gas consuption (barl)		
CNS O_2 % - Total (IDA CNS table)		
CNS O_2 % - Increase		
Signature		

Muchos centros de buceo que ofrecen mezclas de gases EAN también mantienen un llamado libro de registro de llenado, que contiene datos especiales relacionados con la botella de buceo llenada. Si coges una botella recién llenada con la mezcla de gases correspondiente a tu profundidad de buceo, a menudo tendrás que firmar un recibo. Esta firma es principalmente por la seguridad de la persona que llenó tu equipo de buceo y, en segundo lugar, por tu propia seguridad. Dado que el número de serie o el número de inventario de la botella asignado por la empresa de buceo también se ingresa en la hoja de control. Esto es para evitar un cambio accidental del equipo de buceo. Verifica tanto este número como el contenido de la botella (análisis de gas) antes de firmar la hoja de relleno. En la siguiente página encontrarás un borrador de la hoja de relleno de IDA.

Por la presente certifico, _____,
nombre y apellido

que he sometido la botella con número:_____
Número de serie o de registro de la botella

El dia _____ a un análisis de gases respirables.
fecha

Recibí la botella de buceo el día _____ por parte de

fecha

_____ .

Nombre centro de buceo / monitor de buceo

y medí un contenido de oxígeno del _____ % yo mismo.

La mezcla de gases fue producida por _____
mombre del mezclador de gas

y etiquetada como Nitrox _____ .
Contenido de oxígeno

Con esta mezcla de gases respirables puedo llegar a una
profundidad máxima de buceo de _____ metros.

La presión de llenado es de _____ bar.

_____   _____

Nombre y apellido del buceador   firma del buceoador

Así que eso es todo por ahora. Ahora puedes comenzar y ganar experiencia. Cuídate y ten el coraje de cancelar una inmersión o ni siquiera meterte al agua si no te sientes bien. Un buen compañero de buceo lo entenderá. La seguridad siempre es lo primero.

Agradecimientos

Quisiera agradecer a los siguientes amigos por haberme ayudado, revisando varias veces el contenido para estar seguro de que no he dicho ninguna tontería técnica. En particular, me gustaría agradecer a mi amiga Karen por asumir mi puntuación intuitiva y dirigirla en la dirección correcta. La coma siempre ha sido mi amiga, u opcionalmente mi enemiga.

Karen Fink, buceadora IDA y modelo de las señales de mano de la UW,

Horst Habermehl †, presidente de la Asociación Internacional de Buceo - IDA -, examinador de instructores de buceo y buceador de minas de la Armada Alemana,

Thomas Freudenberg, jefe de la comisión de examen y formación de instructores de buceo (BEE) de la IDA, director e instructor de buceo de la Armada Alemana, maestro de buceo y miembro de la Cámara de Industria y Comercio en el campo de la formación de buceo comercial para buceadores profesionales,

Thomas Burkhardt, exjefe del comité de formación y examen de instructores de buceo de IDA,

¿Qué es IDA - International Diving Association?

IDA es una asociación internacional que, de acuerdo con las directrices de la **CMAS Alemania** y las directrices de la **R.S.T.C.** (Recreational Scuba Training Council) capacita a buzos e instructores de buceo en todo el mundo. Por cierto, scuba es la abreviatura de "Aparato de respiración subacuático autónomo". Viene de los estadounidenses, por supuesto, pero, esta vez, no es culpa de Trump.

IDA se fundó en 1996 y desde entonces ha intentado, con bastante éxito, conciliar el "buceo fácil" estadounidense con la "voluntad europea (alemana) a la perfección". Lo cual, hay que reconocerlo, no siempre funciona al 100%. Sin embargo, IDA ha logrado licenciar a casi 1,600 instructores de buceo IDA en todo el mundo que entrenan y prueban a los buzos de acuerdo con las pautas de IDA. IDA es socio de CMAS Alemania y miembro de R.S.T.C. y A.B.R.E. (Asociación de Buceo Recreativo de España). Con sus asociaciones, ambas organizaciones cubren alrededor del 90% del mercado internacional de entrenamiento de buceo y se aseguran de que puedas aprender a bucear de forma segura y disfrutarlo durante los próximos años.

Anexo

Aquí hay un extracto de la recomendación para la composición de grupos de buceo de IDA:

Solo se mencionan los emparejamientos permitidos.

Open Water o buceador *

y

Avanzado	hasta 18 metros de profundidad
Buceador**	hasta 20 metros de profundidad
Master Scuba Diver	hasta 20 metros de profundidad
Certificado de buceador *** y superior	hasta 40 metros de profundidad

Junior Open Water Diver

y

Guia de buceo y / o certificación superior (asistente de monito o monitor) hasta 8 metros de profundidad

En general, de acuerdo con las recomendaciones de la IDA y la edad, se aplican las siguientes profundidades máximas:

8 – 10 años	**5 metros**
10 – 12 años	**8 metros**
12 – 14 años	**12 metros**
14 – 16 años	**18 metros**
16 – 18 años	**25 metros**
a partir de 18 años	**40 metros**

Glosario:

Regla de los 50 bares
50 bar de presión residual es básicamente una reserva de seguridad.

40m
Límite de profundidad para buceo recreativo.

Inmersiones sin Deco
IDA recomienda el buceo sin descompresión.

Tasa de descenso
máx.30 m / min.

Parada de seguridad
3 minutos a 5 metros por cada inmersión a más de 5 metros de profundidad

Intervalo de superficie (OFP)
IDA recomienda un OFP de al menos 2 horas entre 2 inmersiones

Inmersiones repetitivas
IDA recomienda un máximo de dos inmersiones al día.

Secuencia
IDA recomienda bucear primero en la inmersión más profunda.

Fase de compresión
Aumento de la presión al sumergirse.

Fase de isopresión
Presión constante, el buceador permanece a una profundidad constante.

Fase de compresión
Aumenta la presión ambiental.

Fase de descompresión
Disminución de la presión en el ascenso.

No Deco
El tiempo que se puede permanecer en una determinada profundidad de agua sin tener que cumplir con las etapas de descompresión.

Tiempo de fondo
El tiempo desde el descenso hasta el inicio del ascenso.

Tiempo de ascensión
El tiempo desde el inicio del ascenso hasta llegar a la superficie del agua.

Tiempo de superficie
El tiempo, incluidas las paradas de descompresión, que transcurre desde que se sales de la profundidad máxima hasta llegar a la superficie del agua.

Parada de descompresión
Duración de la estancia en un nivel bajo para que el nitrógeno del cuerpo tenga tiempo de ajustarse a la presión (descomprimir).

Intervalo de superficie (OFP)
El tiempo entre dos inmersiones

No fly time
El tiempo entre la última inmersión y un vuelo, ya que hay una presión de aire reducida en la cabina del avión. Para estar seguro, este tiempo siempre debe ser más de 24 horas.

Recompresión húmeda
Volver a poner bajo presión a un buceador lesionado buceando de nuevo.

Declaración de salud (confidencial) © by IDA

Antes de firmar el formulario, lea detenidamente todos los puntos y responda con sinceridad. El buceo es un deporte que requiere un cierto nivel de forma física y buena salud. La respuesta correcta a estas preguntas es necesaria para que su instructor de buceo pueda reconocer si usted es apto para bucear. Con su firma libera a todos los empleados y también al operador de la base o de la escuela de buceo de cualquier responsabilidad con respecto a su estado de salud. Tenga en cuenta que la asociación de buceo IDA recomienda que consulte a un médico antes de su primera inmersión, quien examinará su aptitud para bucear. Este formulario solo se utiliza para permitirle bucear si está sano y no hay un médico calificado disponible. Si su estado de salud cambia durante el curso de buceo o durante las inmersiones, está obligado a informar inmediatamente a la dirección del centro de buceo. Solo se le permite bucear si está sano o, por ejemplo, con diabetes, está bien adaptado. Las personas que padecen enfermedades cardíacas o que tienen un fuerte resfriado no deben bucear, ni tampoco las personas que se encuentran bajo la influencia de medicamentos, alcohol u otras drogas. Incluso las personas con sobrepeso o bajo peso no son aptas para bucear a menos que el médico decida lo contrario. Dado que los errores en el buceo o en el manejo del equipo de buceo pueden tener graves consecuencias para la salud, está obligado a bucear exclusivamente bajo la guía y supervisión de un instructor de buceo calificado, asistente de instructor de buceo o guía de buceo. Si necesita aclaraciones sobre alguna de las preguntas siguientes, comuníquese con su instructor antes de responder la pregunta.

Responda las siguientes preguntas por escrito con un sí o un no.
Su instructor decidirá si le permite bucear.

Si respondió "sí" a alguna de las preguntas, debe consultar a un
médico antes de bucear.

Cuestionario médico para buceadores

Para el participante:

Las siguientes preguntas están destinadas a ayudar a aclarar si debe ser examinado por un médico antes de bucear. Si responde "sí" a una de las preguntas, eso no significa que no esté autorizado a bucear, pero su instructor decidirá si le permite bucear o si lo envía a un médico para un examen. En caso de duda, debe consultar a un médico. Tómese su tiempo para responder las siguientes preguntas.

¿Tiene o ha tenido ...

Asma, dificultad para respirar o dificultad para respirar durante el esfuerzo..

Fiebre del heno o ataques de alergias ....

Resfriados frecuentes, problemas de los senos nasales o bronquitis ....

Una enfermedad pulmonar (por ejemplo, neumotórax)................

Un pulmón roto ....

Cirugía o enfermedad del pecho..

Usa un marcapasos...

¿Sufre de problemas de salud mental (pánico, miedo a espacios reducidos, etc.)...

¿Sufre de problemas neurológicos?...............................

¿Tiene una enfermedad crónica?..........................

¿Tiene epilepsia u otros trastornos convulsivos?...................

¿Sufre a menudo de migrañas?................

¿Alguna vez ha perdido el conocimiento?...................

¿Sufre usted gravemente de mareo por movimiento (automóvil o barco)? ....

¿Tiene diarrea severa o deshidratación? ....

¿Alguna vez ha tenido un accidente de buceo (por ejemplo, enfermedad por descompresión)....................................

¿Tiene problemas de ejercicio?......................

¿Ha tenido alguna lesión en la cabeza que le provocó la pérdida del conocimiento en los últimos 6 años?...............................

¿Sufre de problemas de espalda recurrentes?............

¿Está (posiblemente) embarazada?...............................

¿Está tomando medicamentos actualmente (con la excepción de la profilaxis contra la malaria y la píldora anti bebé.................

¿Eres fumador?...

¿Está recibiendo tratamiento médico?................................

¿Sufre de colesterol alto? ....

¿Alguna vez ha tenido un ataque cardíaco o un derrame cerebral?.................

¿Algún miembro de su familia ha tenido un ataque cardíaco o un derrame cerebral antes?..

¿Tiene diabetes?..

¿Le han operado la columna vertebral o la espalda?...

¿Tiene problemas debido a una cirugía en sus brazos o piernas?...

¿Tiene trastornos de la presión arterial o está tomando medicamentos para ellos?.....................................

¿Tiene un coágulo de sangre (trombosis)?......................

¿Padece alguna enfermedad del corazón (angina de pecho o similar)? ....

¿Alguna vez se ha sometido a una cirugía en el corazón o en un vaso sanguíneo?...

¿Tiene mareos o pérdida temporal de la audición?............

¿Alguna vez se a sometido a una cirugía de senos nasales?..................................

¿Alguna vez le han operado los oídos?......................

¿Tiene problemas con sus oídos?......................................

¿Tienes ano artificial?.............................

¿Toma suplementos deportivos?................................

¿Alguna vez ha recibido tratamiento por adicción a las drogas (incluido el alcohol)?...

¿Alguna vez ha tenido una hernia de tejidos blandos (hernia inguinal, hernia)..

¿Tiene problemas de sangre?..

¿Se ha sometido a una cirugía en las últimas 6 semanas?..

¿Tiene una úlcera de estómago aguda? ....

¿Tiene problemas con la ecualización de presión?.................

¿Tiene fiebre?..

Si actualmente padece las siguientes condiciones o enfermedades, no es apto para bucear. Esto también se aplica si estas condiciones o enfermedades ocurren durante el curso de buceo o las vacaciones.

Problemas de ecualización de presión

Resfriados, infecciones de los senos nasales

Cualquier tipo de problemas respiratorios (bronquitis, fiebre del heno).

Úlceras estomacales

Influencia de drogas de cualquier tipo (incluido el alcohol)

Embarazo

Fiebre

Mareo

Náuseas, náuseas, mareos

Diarrea, deshidratación

Migrañas o dolores de cabeza intensos

Cirugía de cualquier tipo realizada en las últimas 6 semanas

Recibí la lista anterior hoy, día ....de....................del 20.....

Leído atentamente, entendido y reconocido. Por tanto, estoy seguro de que soy apto para bucear. Mi instructor me ha informado que si tuviera que responder "sí" a cualquiera de los puntos anteriores, debería consultar a un médico o buscar consejo médico. Por la presente declaro que he respondido al cuestionario con sinceridad.

Apellido, nombre:..

Domicilio:..

Fecha nacimiento / lugar:..

Firma:...

Firma del tutor legal en menores: ....

Notas: